Ada...

Le prisonnier
du temps

HACHETTE
Français langue étrangère

www.hachettefle.fr

Couverture : Guylaine Moi
Conception graphique et mise en page : Anne-Danielle Naname
Illustrations : Damien Vidal

ISBN : 2-01-155458-6

Sommaire

1

Argos I

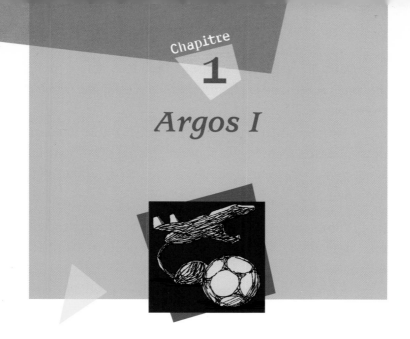

La pluie tombe sur la base de lancement française de Kourou, en Guyane. Elle a fait partir beaucoup de journalistes venus filmer, pour les télévisions du monde entier, le lancement de la navette européenne *Argos I*. C'est la première navette spatiale qui peut voyager dans l'hypertemps.

Sur la piste, le personnel vérifie le carburant, les circuits électriques, les circuits informatiques, l'équipement et le matériel de survie. Tout est en ordre. La navette est prête. Le départ est prévu dans cinquante minutes.

Les mots en orange renvoient à la rubrique *Mots et Expressions*, p. 34.

Dans la salle de contrôle, les techniciens sont inquiets : il manque le pilote. Pourquoi n'est-il pas arrivé ? Où est-il passé ?

À trente-cinq minutes du départ, il n'y a toujours personne. Les techniciens sont de plus en plus inquiets. Vingt-neuf, vingt-huit minutes... Le départ pourra-t-il avoir lieu ?

Enfin, une Jeep arrive à toute vitesse. Un adolescent roux descend de la voiture. Il court vers la porte d'embarquement.

« Désolé, dit-il aux techniciens, mais je voulais voir la fin du match de foot à la télé. Et j'ai bien fait d'attendre, parce que l'équipe de France a gagné ! »

L'adolescent saute de joie. Les techniciens, soulagés, ne lui répondent rien. Tout est en ordre maintenant. Le départ peut avoir lieu.

Avant d'entrer dans la navette spatiale, le jeune pilote salue les quelques journalistes qui attendent sous la pluie. Il sourit aux caméras et fait, de la main, le V de la victoire.

Félix Astor vient d'avoir quinze ans. C'est le plus jeune spationaute du monde. Enfant, déjà, c'était un génie en informatique. Il a eu son bac à douze ans, puis il est entré à l'École de l'espace où il a réussi brillamment tous les tests. Mais Félix Astor est un adolescent comme les autres qui adore le foot... Une passion qui a failli le mettre en retard le jour de sa première mission !

Félix met sa combinaison de vol. Il entre dans la navette.

« Salut Jody ! dit-il en passant devant l'ordinateur de bord.

— Bonjour Félix, lui répond une voix synthétique. Bienvenue à bord d'*Argos I*. »

Le jeune adolescent s'installe sur son siège. L'ordinateur reprend :

« J'ai fait les vérifications nécessaires. Nous sommes prêts pour le décollage.

— OK. Et quelle est notre mission ?

— Un vaisseau spatial est en danger dans l'orbite de la planète Mars. Il faut ramener les six membres de l'équipage sur Terre. Nous arriverons là-bas dans... cent quatre-vingt-deux jours, trois heures, trente minutes et dix-sept secondes. Prépare-toi au décollage, ça va secouer !»

Il ne reste que quelques secondes avant le départ dans l'espace. Félix met sa ceinture de sécurité et se cramponne à son siège. Dans la salle de contrôle, les techniciens sont inquiets. Ils fixent les écrans. Cinq... Cette mission est très importante, elle doit réussir... Quatre... Elle a coûté beaucoup d'argent... Trois... L'hypertemps, c'est l'avenir... Deux... La navette est équipée du dernier prototype d'intelligence artificielle... Un... Et du meilleur spationaute... Zéro !

La navette s'élève dans le ciel de Guyane et disparaît des regards.

2

Une pluie
de météorites

« Décollage réussi, annonce la voix synthétique.

— Bravo Jody ! » répond Félix à l'ordinateur.

Dans la salle de contrôle de la base de Kourou, les techniciens se serrent la main en souriant. La mission commence bien.

La navette traverse l'atmosphère. De loin, la Terre ressemble à une carte de géographie qui rétrécit très vite. Puis elle se transforme en une grosse boule bleutée et lumineuse.

Félix vérifie les cadrans. Puis il se lève pour se diriger vers les caissons de sommeil. Il enlève sa combinaison, se met en short et dit à l'ordinateur :

« Je compte sur toi pour me réveiller à temps.

— Ne t'inquiète pas, lui répond Jody, je suis programmé pour ça. Dans cent quatre-vingt-deux jours, à minuit quinze précisément, tu sortiras de ton sommeil. Tu n'auras vieilli que de vingt-quatre heures. Nous approcherons alors du vaisseau spatial en danger. Avec un peu de chance, nous pourrons ramener l'équipage sans problème. Bonne nuit !

— Salut Jody, à plus tard ! »

Félix s'allonge dans l'un des sept caissons de sommeil de la navette. Tout doucement, le couvercle se referme sur lui et il s'endort…

... C'est un match important pour la finale. Les deux équipes sont à égalité. Dans les tribunes, le public crie et des sirènes hurlent. Félix est capitaine de l'équipe européenne de foot. Il regarde le gardien de but (un grand type musclé trop sérieux). Le ballon rond est posé à ses pieds. Les supporters crient son nom. Félix prend son élan et il se prépare à shooter...

Quand il ouvre les yeux, le signal d'alarme clignote. Une sirène hurle dans la navette. Félix est inquiet. Il ouvre le caisson de sommeil.

« Eh bien toi, quand tu dors, tu dors ! s'exclame l'ordinateur. J'ai eu du mal à te réveiller !

— J'ai dormi combien de temps ?

— Quarante jours, deux heures et trente-six minutes.

— Pourquoi tu me réveilles maintenant ? Qu'est-ce qui se passe ? Il y a un problème ?

— Un gros problème. Nous allons traverser une pluie de météorites dans vingt-quatre minutes. C'est la queue d'une comète. La navette ne pourra jamais passer à travers.

— Qu'est-ce qu'il faut faire, alors ?

— Tu dois passer dans l'hypertemps. »

Félix hésite. Sur le terrain de foot, il n'hésite jamais avant d'agir. Mais cette fois, c'est beaucoup plus dangereux qu'un simple match. Passer dans l'hypertemps, c'est très facile : une poussée du propulseur nucléaire et la navette dépasse la vitesse de la lumière pour passer dans l'hypertemps. Le temps d'avant le temps, là où la pluie de météorites n'existe pas parce que l'Univers n'est pas encore né. Grâce à l'hypertemps, la navette peut traverser tous les obstacles. Mais ce ne sont que des calculs : jamais personne n'est encore passé dans l'hypertemps.

« Dis-moi Jody, quelles sont nos chances de traverser la pluie de météorites ? demande Félix.

— Moins d'une sur cent. Je peux te faire le calcul exact, si tu veux.

— Et de revenir de l'hypertemps ?

— … »

L'ordinateur de bord ne sait pas répondre. C'est pourtant un système ZHX ultra perfectionné. Une super intelligence artificielle.

Félix se souvient alors de son rêve. Il a la même impression que lorsqu'il allait shooter dans la balle, tout à l'heure, et marquer le but décisif. Une première météorite frôle *Argos I* et fait trembler la navette. Une deuxième météorite arrive droit sur la navette. Elle est énorme. Il ne faut plus hésiter.

« OK Jody. On passe dans l'hypertemps.

— Reçu cinq sur cinq. Accroche-toi. »

La navette fait un bond dans le temps. L'espace se replie sur lui-même et les météorites disparaissent. C'est le silence. Le grand silence noir de l'espace.

3

Dans
l'hypertemps

Le choc a été brutal. Félix s'est évanoui. Quand il se réveille, il entend la voix moqueuse de Jody.

« Une intelligence artificielle ne s'évanouit pas, elle !

— Où sommes-nous ?

— Toujours dans l'hypertemps. Le propulseur nucléaire ne répond plus. Je ne peux plus revenir dans le présent. Tu dois essayer, toi, en pilotage manuel.

— OK. »

Félix vérifie les écrans de contrôle. Il appuie sur le bouton qui commande le propulseur nucléaire.

La navette va revenir dans le présent. Elle va reprendre sa route vers Mars grâce à son capitaine. C'est pour ça qu'on a choisi Félix Astor. Il doit sauver six personnes. Il doit réussir sa mission.

Le propulseur a fait un drôle de bruit, mais rien ne s'est passé. La navette reste immobile. Félix appuie sur les boutons de commande, mais il ne se passe toujours rien.

« Ce n'est pas normal ! Qu'est-ce que tu en penses, Jody ?

— Le propulseur est mort. On a heurté une météorite.

— On a une chance de s'en sortir ?

— On a 99,99 pour cent de chances d'y rester.

— Tu veux dire que nous sommes prisonniers de l'hypertemps ?

— Oui. »

Derrière la vitre, tout est noir. Le temps d'avant le temps n'a pas de couleur. Félix se gratte le menton. Son visage est en train de se couvrir de poils durs et courts.

« Et quelles sont mes chances de survie ? demande Félix.

— Tu as cent pour cent de chances de survivre jusqu'à ta mort, répond calmement la machine. »

Félix se dit alors que les intelligences artificielles ont une drôle de façon de réfléchir...

« Avec toute la nourriture que nous avons dans la navette et l'oxygène pour les six passagers que tu dois ramener sur Terre, tu peux manger et respirer jusqu'à la fin de tes jours.

— Tu penses que je reverrai la Terre ?

— Non.

— Qu'est-ce qu'il va m'arriver ?

— Tu vas vieillir plus vite. Beaucoup plus vite que sur la Terre. Une heure, dans l'hypertemps, correspond à des années de vie humaine. Dans quelques heures, tu auras vécu toute une vie et tu mourras. »

Félix se dit qu'il faut réfléchir vite. Il ne faut pas se décourager. Il y a sûrement une solution. C'est comme au foot, un match n'est jamais perdu : jusqu'à la dernière minute de jeu, on peut toujours marquer un but et gagner. Félix veut tout tenter pour s'en sortir.

« Et si j'entre dans le caisson de sommeil, je vieillirai beaucoup plus lentement. J'attendrai qu'une mission de sauvetage vienne me chercher.

— Impossible. Si *Argos I* ne revient pas sur Terre, les hommes abandonneront le projet d'utiliser l'hypertemps pour se déplacer. Plus personne ne viendra jamais ici.

— Alors, je ne peux rien faire ?

— Non. Il ne te reste plus qu'à attendre. »

Félix se lève de son siège et fait quelques pas dans la cabine de pilotage. Sa barbe a poussé d'un coup et il a grandi de vingt centimètres. Jody a raison, il vieillit déjà ! Il semble avoir plus de vingt ans. Et si l'ordinateur ne se trompe pas, dans quelques heures, il mourra. Il pense alors à la maison de ses parents, en Bretagne et au petit déjeuner qu'il prend le matin, devant la mer. Il revoit ses copains, sur le terrain de foot du quartier…

Une heure passe. Félix constate, en se grattant le menton, que sa barbe pousse toujours.

4

Le vaisseau mystérieux

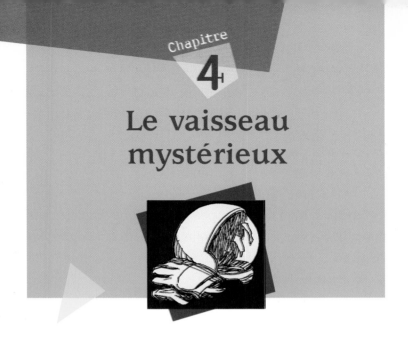

Sur l'écran radar de la navette, une lumière verte clignote. Félix sursaute.

« Qu'est-ce que c'est, Jody ?

— Le radar vient de détecter la présence d'un autre vaisseau spatial dans l'hypertemps.

— Mais, ce n'est pas possible !

— Le vaisseau est pourtant là. Et il se dirige droit sur nous.

— Tu peux l'identifier ?

— Impossible. Tout ce que je peux dire, c'est que le vaisseau va passer à côté de la navette dans dix heures environ. »

Félix se dit que c'est sa seule chance de s'en sortir vivant. Le vaisseau spatial est peut-être en bon état. Il y a peut-être des gens à l'intérieur. Ils pourront l'aider à revenir dans le présent.

« Dis-moi, Jody, si j'entre dans ce vaisseau, est-ce que j'ai des chances de revenir sur Terre ?

— Très peu.

— Et si je reste ici à attendre ?

— Aucune. »

Félix sait qu'il ne faut pas hésiter. Il ne lui reste plus que quelques heures avant la fin du match qui l'oppose à l'Univers.

« J'y vais, Jody. »

Félix met son scaphandre et entre dans le sas de sortie. La porte extérieure s'ouvre lentement et l'Univers apparaît comme il était il y a quatre milliards d'années : un grand trou vide et noir. Au milieu de ce trou, il y a une boule de matière. Elle explosera tout à l'heure pour former les planètes, les étoiles, les constellations et les comètes. Mais pour l'instant, Félix est seul, dans le grand silence de l'espace.

Un vaisseau spatial apparaît tout à coup devant *Argos I*. Il est très abîmé. Il ressemble à un bloc de métal noirci. Est-ce qu'il marche encore ? se demande Félix. De toute façon, il n'a pas le choix. Il doit quitter la navette s'il ne veut pas mourir dans quelques heures. Son corps est maintenant celui d'un homme de trente ans.

« Adieu Jody ! murmure-t-il dans le micro de son scaphandre.

Bonne chance ! » lui répond la voix synthétique.

Au moment où le vaisseau inconnu les touche, Félix se jette dans le vide et s'accroche solidement à lui.

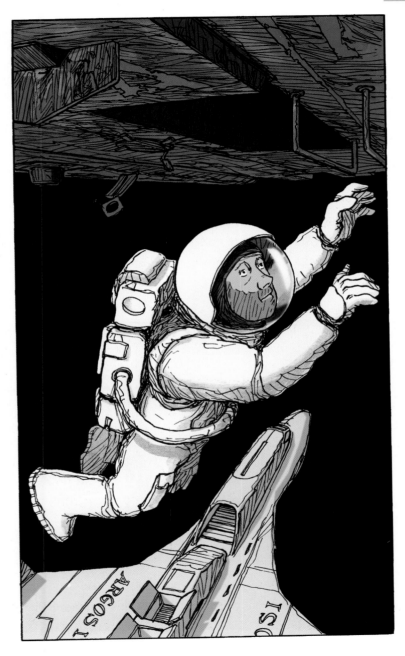

Derrière lui, la navette a déjà disparu. C'est bizarre, ce vaisseau inconnu ressemble à *Argos I* comme un frère. Un très vieux frère. La porte se trouve au même endroit. Félix ouvre le sas d'entrée et entre dans le vaisseau. Il enlève son scaphandre et fait quelques pas en avant. Tout est identique. Identique, mais plus vieux, comme si le vaisseau avait passé des siècles, peut-être même des millénaires, dans l'hypertemps.

Félix semble avoir quarante ans. Il se dirige vers la cabine de pilotage. Ses vêtements sont usés. Sa barbe est maintenant très longue.

5

Le prisonnier

« La cabine de pilotage est la même que celle d'*Argos I* se dit Félix. C'est peut-être *Argos II* ou *Argos III* ? Ça veut dire que Jody s'est trompé. Les Terriens n'ont pas renoncé au projet de traverser l'hypertemps. Ça veut dire surtout que lui, Félix Astor, a réussi à revenir sur Terre ! Il a gagné le match ! Ce vaisseau est là pour lui prouver ! »

Félix appelle :

« Il y a quelqu'un ? »

Tout est silencieux.

« Mais où est donc passé l'équipage ? Il n'y a personne aux commandes ! »

L'homme qu'il est devenu en quelques heures se dirige vers le siège de pilotage. Il ne sait pas pourquoi ce vaisseau a été abandonné par son équipage. Il prie très fort pour que le propulseur soit intact. Il s'attache solidement au siège et il se prépare à activer les réacteurs. Tout est bientôt prêt pour le grand saut dans le temps. Il ne s'évanouira pas, cette fois. Il se sent très en forme, son corps de cinquante ans lui obéit parfaitement. Au moment où il va appuyer sur le bouton, il entend quelque chose derrière lui. Il tourne la tête. Rien. Personne. Le bruit recommence. C'est comme un cri... Il y a un être vivant à bord ? Félix détache sa ceinture et se lève pour fouiller le vaisseau.

Dans un coin sombre, sous le grand ordinateur de bord, Félix aperçoit un corps allongé sur le sol. C'est le

corps d'un homme très vieux. Il a les cheveux blancs, la peau ridée et le regard aveugle. Il est très faible. Il est mourant, peut-être.

Félix se penche sur le vieillard. La bouche sans dent prononce difficilement :

« Félix ?

— Qui êtes-vous ?

— Le prisonnier du temps… j'ai passé toute ma vie à t'attendre…

— Moi ? Pourquoi ?

— Je dois te dire… tu dois… »

Mais le vieillard ne peut terminer sa phrase. Il est mort.

Félix ouvre le sas extérieur du vaisseau et pousse le corps du vieillard qui disparaît dans l'hypertemps. Il se dit qu'il ne connaît même pas le nom du vieil homme. Il n'a pas vécu assez longtemps pour le lui dire…

6

Mission
de survie

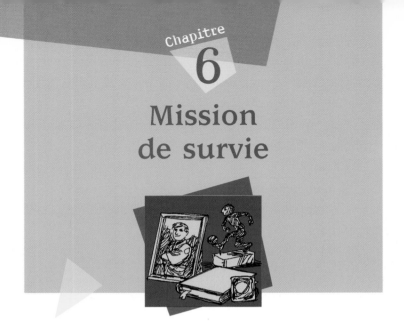

Cette fois, il faut faire vite, pense Félix en refermant le sas extérieur. C'est devenu une mission de survie. Il faut revenir dans le présent le plus rapidement possible. Félix s'aperçoit que sa vue a baissé. Ses yeux de soixante ans réclament des lunettes. Allez, vite, sinon il va perdre le match de sa vie ! Encore quelques heures et il sera un vieillard incapable de revenir sur Terre.

Félix s'installe alors aux commandes. Derrière la vitre, la boule de matière vient d'exploser. Il aperçoit une lumière blanche, puis jaune et rose. L'Univers naît et Félix regarde longuement ce spectacle incroyable.

En baissant les yeux, il s'aperçoit que ses mains se couvrent de rides. Il doit faire vite. Il appuie sur le bouton. Les réacteurs ne réagissent pas. C'est le silence complet, le grand silence de l'hypertemps.

« Je te rappelle, Félix, que le propulseur est mort ! »

Félix reconnaît la voix synthétique. Il se lève et se dirige vers l'ordinateur.

« Jody ?

— Oui.

— Tu es bien Jody, l'intelligence artificielle d'*Argos I* ?

— Oui.

— Nous sommes ici sur *Argos I* ?

— Oui.

— Alors, ça veut dire… que j'ai perdu le match ?

— Oui. Tu es prisonnier du temps. Prisonnier pour toujours. Pour les humains, ça ne veut pas dire grand-chose. Seules les machines savent ce que le mot « toujours » veut dire.

— Et le vieillard, tout à l'heure… c'était… c'était… moi ? demande Félix d'une voix faible.

— Oui, toi, Félix Astor qui, après de brillantes études à l'École de l'espace et au club de foot de son quartier, a disparu dans l'hypertemps lors de sa première mission. »

Félix tremble. Il ne voit plus très bien. Il a du mal à tenir sur ses jambes. Il semble tout à coup avoir deux cents ans.

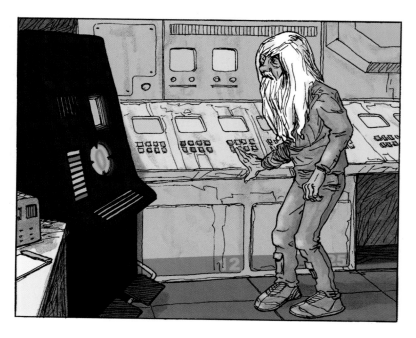

« Jody, qu'est-ce qu'il m'arrive ?

— Tu vieillis. »

Félix ne peut plus revenir vers le siège de commande. Il est trop faible. Il s'allonge alors dans le coin sombre du vaisseau, sous le grand ordinateur de bord.

« Alors, je vais mourir.

— Oui.

— Je n'ai plus aucune chance de m'en sortir vivant ? Tout à l'heure, oui, tu en avais une. Il fallait penser à brancher le propulseur sur la batterie de secours.

— Tu ne m'as rien dit ?

— Tu ne m'as rien demandé.

— Est-ce que le prochain moi-même a une chance de réussir ?

— Oui. Une sur cent milliards. »

Félix se sent tout à coup très seul et très fatigué. Une chance sur cent milliards pour que le prochain lui-même réussisse à faire repartir la navette, ce n'est pas grand-chose, mais c'est quand-même une chance. Il faut résister. Il doit rester vivant jusqu'à *son* arrivée pour *lui* dire... Lui expliquer à *lui*, cet autre lui-même, ce qu'il faut faire pour ne pas rater son match contre le temps.

Chapitre

7

Le piège
se referme

Enfin, Félix entend le sas d'entrée s'ouvrir et se refermer. Il entend un bruit de pas dans la cabine de pilotage. *Il est arrivé !*

Félix essaie de se relever, mais il est trop vieux. Il ne peut plus bouger. Pourtant, il doit faire quelque chose. Il réussit à pousser un faible cri, puis un deuxième et il entend un bruit. Quelqu'un se penche sur lui. C'est un homme de cinquante ans au regard bleu et aux longs cheveux roux. Félix ne sait pas comment lui parler, comment dire à cet homme... Il réussit à murmurer :

« Félix ?

— Qui êtes-vous ?

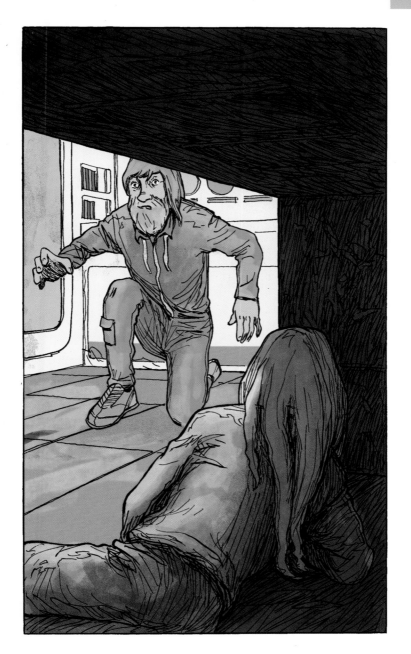

— Le prisonnier du temps… j'ai passé toute ma vie à t'attendre…

— Moi ? Pourquoi ? »

Penché sur lui, le nouveau venu vieillit à chaque seconde. Cette fois, il a des cheveux blancs dans sa chevelure rousse et plisse les yeux pour mieux voir. Félix fait un immense effort :

« Je dois te dire… tu dois… »

Mais sa vie s'éteint. La phrase reste inachevée. Et le corps du vieillard disparaît dans l'hypertemps…

Mots &
expressions

Activités

Corrigés

Chapitre

■ **Base de lancement** *(n. f.)* : endroit où a lieu et où on contrôle l'envoi dans l'espace des navettes spatiales.

■ **Carburant** *(n. m.)* : matière utilisée pour faire fonctionner un moteur.

■ **Combinaison** *(n. f.)* : vêtement qui réunit en une seule pièce une veste et un pantalon.

■ **Être dans l'orbite** : être dans la zone d'action.

■ **Mission** *(n. f.)* : donner quelque chose d'important à faire à quelqu'un.

■ **Navette spatiale** *(g. n. f.)* : véhicule qu'on lance dans l'espace et qui revient sur Terre.

■ **Prototype** *(n. m.)* : exemplaire unique d'un objet qui sera ensuite fabriqué en grand nombre.

■ **Se cramponner** *(v.)* : se tenir fermement, s'accrocher.

■ **Spationaute** *(n. m. et f.)* : personne qui voyage dans l'espace.

■ **Synthétique** *(adj.)* : qui n'est pas naturel, qui a été fabriqué par l'homme.

Chapitre

■ **Atmosphère** *(n. f.)* : couche gazeuse qui entoure la Terre.

■ **Cadran** *(n. m.)* : écran sur lequel on trouve des indications de temps et de mesure.

■ **Caisson** *(n. m.)* : endroit fermé contenant de l'air où les spationautes dorment.

■ **Clignoter** *(v.)* : s'allumer et s'éteindre sans arrêt.

■ **Comète** *(n. f.)* : astre formé de gaz et de poussières qui, en passant dans le ciel, laisse des traces lumineuses.

■ **Compter sur quelqu'un** : avoir confiance en quelqu'un.

■ **Frôler** *(v.)* : passer très près de quelque chose ou de quelqu'un sans le toucher.

■ **Météorite** *(n. f.)* : morceau de roche ou de métal qui vient de l'espace et qui traverse l'atmosphère.

■ **Propulseur nucléaire** *(g. n. m.)* : moteur qui produit de l'énergie pour avancer.

■ **Sirène** *(n. f.)* : objet qui produit un son puissant et long pour donner un signal ou avertir d'un danger.

■ **Supporter** *(n. m.)* : personne qui encourage des sportifs.

- **Se décourager** *(v.)* : perdre l'envie de faire quelque chose.

- **S'évanouir** *(v.)* : perdre connaissance.

- **Heurter** *(v.)* : entrer brutalement en contact.

- **Manuel** *(adj.)* : à la main.

- **Moqueuse** *(adj.)* : rieuse.

- **Constellation** *(n. f.)* : ensemble d'étoiles dans le ciel.

- **Détecter** *(v.)* : découvrir la présence de quelque chose qu'on ne voit pas.

- **Murmurer** *(v.)* : parler à voix basse.

- **Sas** *(n. m.)* : petite pièce bien isolée formée de deux portes qui permettent le passage entre l'intérieur de la navette et l'espace.

- **Scaphandre** *(n. m.)* : vêtement qui permet de respirer sous l'eau ou dans l'espace.

- **Sursauter** *(v.)* : faire un mouvement brusque quand on est surpris.

- **Radar** *(n. m.)* : appareil qui donne la position et la distance d'un objet, d'un obstacle.

- **Fouiller** *(v.)* : chercher quelque chose en regardant partout.

- **Intact** *(adj.)* : en bon état.

- **Réacteur** *(n. m.)* : moteur qui rejette du gaz vers l'arrière.

- **Renoncer** *(v.)* : arrêter de faire quelque chose, abandonner un projet.

- **Ridé** *(adj.)* : qui est couvert de petites marques de vieillesse.

- **Batterie** *(n. f.)* : appareil qui produit du courant électrique.

- **Brancher** *(adj.)* : mettre en marche un appareil en le reliant à un circuit électrique.

- **Résister** *(v.)* : avoir la force de continuer.

- **Inachevé** *(adj.)* : qui n'est pas fini.

Activités

Qui suis-je ?

Fais correspondre.

1. Félix   **a.** La première navette spatiale
à voyager dans l'hypertemps.

2. Jody   **b.** La base de lancement de la navette,
en Guyane.

3. *Argos I*   **c.** Le plus jeune spationaute du monde.

4. Kourou   **d.** Le dernier prototype d'intelligence
artificielle.

Vrai ou faux ?

Dis si les affirmations suivantes sont vraies (V) ou fausses (F).
Justifie ta réponse en retrouvant dans le texte les passages
qui te permettent de répondre.

	Vrai	Faux
1. Félix est un adolescent de 15 ans.	◻	◻
2. Félix est un génie en mécanique.	◻	◻
3. Félix a déjà accompli plusieurs missions dans l'espace.	◻	◻
4. Félix a obtenu son baccalauréat à 12 ans.	◻	◻
5. Félix est passionné de basket-ball.	◻	◻

3 À ton avis...

Retrouve la bonne réponse.

1. La mission *Argos I* consiste à :

 a. installer une base de lancement sur la planète Mars.

b. conquérir la galaxie Argos.

c. porter secours à l'équipage d'un vaisseau spatial en orbite sur Mars.

2. Pendant le voyage, Félix s'installe dans un caisson de sommeil...

a. pour économiser de l'oxygène.

b. parce que le voyage va durer plusieurs mois.

c. pour reprendre des forces après le décollage.

3. La navette spatiale *Argos I* doit passer dans l'hypertemps...

a. pour éviter une pluie de météorites.

b. pour atteindre plus rapidement la planète Mars.

c. car elle a dévié de sa trajectoire.

4. Si *Argos I* reste dans l'hypertemps...

a. Félix va s'arrêter de vieillir.

b. Félix ne pourra plus revenir dans le temps présent.

c. Félix sera propulsé dans un temps futur.

5. Pour ne pas se laisser mourir sans réagir, Félix décide...

a. de réparer le propulseur nucléaire.

b. de programmer l'ordinateur de bord pour trouver une solution.

c. d'abandonner *Argos I* et de rejoindre le vaisseau inconnu.

6. Qui est le vieillard du mystérieux vaisseau spatial ?

☐ **a.** Félix.

☐ **b.** Un autre prisonnier du temps.

☐ **c.** Un messager envoyé par les Terriens pour sauver Félix.

7. Pour sortir de l'hypertemps, Félix doit...

☐ **a.** se réfugier dans un caisson de sommeil.

☐ **b.** dire à son double de brancher le propulseur sur la batterie de secours.

☐ **c.** empêcher l'autre lui-même de pénétrer dans le vaisseau.

Les intrus

Un intrus s'est glissé dans chacune des listes suivantes ; à toi de le chasser ! Tu peux t'aider en recherchant la signification des mots que tu ne connais pas dans un dictionnaire.

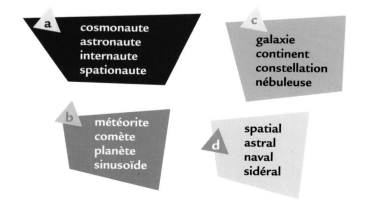

a
cosmonaute
astronaute
internaute
spationaute

b
météorite
comète
planète
sinusoïde

c
galaxie
continent
constellation
nébuleuse

d
spatial
astral
naval
sidéral

5 Pas de temps à perdre !

Connais-tu des noms d'objets servant à mesurer le temps ? Remets les syllabes dans le bon ordre et tu en découvriras alors cinq.

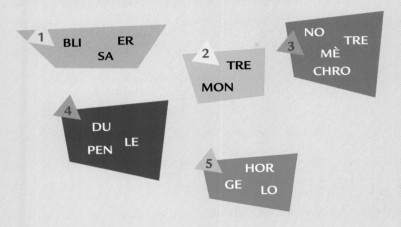

1 BLI ER SA

2 TRE MON

3 NO MÈ TRE CHRO

4 DU PEN LE

5 HOR GE LO

6 Un temps pour tout...

Complète les phrases avec les mots suivants :
En même temps – Entre-temps – À temps – Dans le temps

1. ..., les hommes rêvaient de partir à la conquête de l'espace.

2. Quand il est à bord de la navette *Argos I*, Félix s'imagine ... sur un terrain de foot.

3. S'il veut gagner le match qui l'oppose à l'Univers, Félix doit révéler ... le moyen de redémarrer le propulseur nucléaire.

4. Alors qu'il résiste pour ne pas mourir, un homme est entré ... dans le vaisseau spatial.

Activités

7 Un sport très... spatial !

En vrai passionné de foot, Félix compare souvent les difficultés auxquelles il est confronté dans l'espace à celles qu'il rencontre sur un terrain de foot.

a. Quelles sont les phrases du texte qui le prouvent ?
Fais la liste.
Exemple page 3 : « ... cette fois, c'est beaucoup plus dangereux qu'un simple match ».

b. En sport, connais-tu la signification de l'expression « Temps mort » ?

8 Action ou résultat

Complète chaque mot du tableau avec le suffixe −age. Cela te permettra de former des noms indiquant une action ou son résultat.

Verbes	Noms
Régler	*Réglage*
Décoller	
Piloter	
Démarrer	
Atterrir	

9   Entre ciel et terre...

Voici quelques expressions dans lesquelles les mots
« terre », « lune » et « étoiles » sont utilisés. Sauras-tu
retrouver leur signification ?

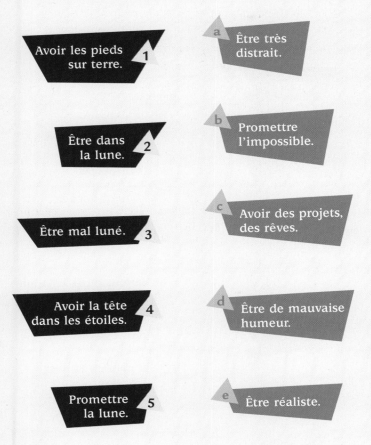

Avoir les pieds sur terre. **1**

a   Être très distrait.

Être dans la lune. **2**

b   Promettre l'impossible.

Être mal luné. **3**

c   Avoir des projets, des rêves.

Avoir la tête dans les étoiles. **4**

d   Être de mauvaise humeur.

Promettre la lune. **5**

e   Être réaliste.

10 **Le système solaire**

Sauras-tu relier chaque planète à ce qui permet de l'identifier ?
Pour t'aider, fais des recherches dans les livres ou sur Internet.

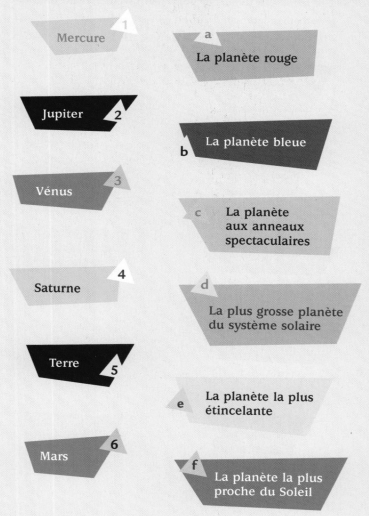

Mercure **1**

a La planète rouge

Jupiter **2**

b La planète bleue

Vénus **3**

c La planète aux anneaux spectaculaires

Saturne **4**

d La plus grosse planète du système solaire

Terre **5**

e La planète la plus étincelante

Mars **6**

f La planète la plus proche du Soleil

11 À la conquête de l'espace

Associe le nom de ces célèbres cosmonautes aux exploits qu'ils ont accomplis. Pour t'aider, fais des recherches dans les livres ou sur Internet.

Neil Armstrong – David Scott – Iouri Gagarine – Alekseï Leonon

1. C'est le premier homme à avoir fait le tour de la Terre, à bord de la capsule *Vostok 1*, en avril 1961.

2. C'est le premier homme à être sorti dans l'espace, en mars 1965.

3. C'est le premier homme qui a marché sur la Lune, en juillet 1969.

4. C'est le premier homme à avoir parcouru 27 km sur la Lune, à bord d'un véhicule lunaire, en août 1971.

Corrigés

 1. c. – 2. d. – 3. a. – 4. b.

 V – F – F – V – F.

 1. c. – 2. b. – 3. a. – 4. b. – 5. c. – 6. a. – 7. b.

 internaute – sinusoïde – continent – naval.

 sablier – montre – chronomètre – pendule – horloge.

 1. Dans le temps – 2. En même temps – 3. À temps – 4. Entre-temps.

 a. Libre.
b. C'est lorsque l'arbitre stoppe un match.

 décollage – pilotage – démarrage – atterrissage.

 1. e. – 2. a. – 3. d. – 4. c. – 5. b.

 1. f. – 2. d. – 3. e. – 4. c. – 5. b. – 6. a.

 1. Gagarine – 2. Leonon – 3. Armstrong – 4. Scott.

de 300 à 500 mots

Série Tranches de vie	*Double Je*, V. Guérin avec ou sans CD Audio
Série Science-fiction	*Si c'était vrai...*, S. Bataille avec ou sans CD Audio
Série Fantastique	*Peur sur la ville*, A. Roy avec ou sans CD Audio
Série policier	*La Disparition*, M. Gutleben avec ou sans CD Audio
Série Aventures	*Le Trésor de la Marie-Galante*, A. Leballeur

 de 500 à 900 mots

Série Science-fiction	*Le Prisonnier du temps*, A. Roy avec ou sans CD Audio
Série Fantastique	*La Cité perdue*, L. Lamarche avec ou sans CD Audio
Série policier	*Attention aux pickpockets !*, L. Lamarche avec ou sans CD Audio

Imprimé en France par Mame Imprimeurs à Tours (n° 08032036)
Dépôt légal : 04/2008
Collection n°47 - Edition 03
15/5458/3